Projet pour la compagnie des transports, postes et messageries

Anonymous

Alpha Editions

This edition published in 2022

ISBN : 9789356892910

Design and Setting By
Alpha Editions
www.alphaedis.com
Email - info@alphaedis.com

PROJET POUR LA COMPAGNIE DES TRANSPORTS, POSTES ET MESSAGERIES.

ARTICLE PREMIER.

La Compagnie générale des Transports, Postes et Messageries, formera un vaste établissement, divisé en trois parties distinctes et séparées, qui feront chacune leur service particulier et leurs opérations à part, en se prêtant mutuellement du secours.

II.

PREMIER ÉTABLISSEMENT.

La première partie de cet établissement, comprendra la Direction générale des Transports, Postes et Messageries.

III.

Attribution générale de la Direction des Postes et Messageries.

Cette Direction fera le service et l'exploitation de la poste aux lettres, des Coches, Fourgons, Messageries, etc. etc.

IV.

Elle sera la machine méchanique du Gouvernement, pour l'exploitation de la Poste aux lettres, et elle correspondra directement avec lui.

V.

La Direction des Transports, Postes et Messageries, formera ses règlemens, organisera ses bureaux, nommera ses employés, et sera spécialement chargée de mettre le service en activité, de le changer, et d'y faire telles réformes et améliorations qu'elle croira nécessaires.

VI.

La Compagnie sera formée par des Actionnaires faisant fonds, et par des Actionnaires non faisant fonds.

VII.

La livre de société, sera de quarante-cinq sols ou actions, dont:

15	non faisant fonds qui appartiendront aux fondateurs de la Compagnie, et à ceux qui l'auront servie.
30	faisant fonds qui seront soumissionnées, vendues ou déléguées à un ou plusieurs capitalistes.
45 actions TOTAL.	

VIII.

L'ACTION sera coupée en quatre quarts de vingt-cinq coupons chacun; c'est-à-dire que chaque action sera divisée en cent coupons d'action.

Le prix de chaque action, sera de quatre cent mille liv.

IX.

Les quinze actions, non faisant fonds, divisées en 1500 coupons, seront réparties comme suit, savoir:

100 Coupons au cit. F. Petit.
100 Coupons au cit. Reynaud.
100 Coupons au cit. Warnet.
} Auteurs et Colaborateurs du Plan.

300 en réserve pour gratifier ceux qui auront servi l'établissement.
900 aux Actionnaires, c'est-à-dire, trente coupons à chaque Souscripteur d'une action entière.

} Avantages des Fondateurs et premiers Souscripteurs d'action entière.

Total 1500 coupons ou quinze actions.

X.

On ne pourra souscrire moins de vingt-cinq coupons, ou un quart d'action.

XI.

Les Souscripteurs d'une fraction quelconque d'action, ne pourront participer au bénéfice des neuf cents coupons d'action, non faisant fonds mentionnés à l'art. IX.; ces coupons ayant été créés pour gratifier les fondateurs de l'établissement.

XII.

Les Fondateurs de la Compagnie, réunis en assemblée générale nommeront aux places, et se distribueront le travail des trois établissemens.

XIII.

Pour être réputé Fondateur, et avoir une voix délibérative, il faudra être Souscripteur d'une action entière.

XIV.

Les Propriétaires d'une action entière, non faisant fonds, seront aussi réputés Fondateurs, et comme tels, ils jouiront des prérogatives attachées à l'art. XII.

XV.

Quatre Souscripteurs de vingt-cinq coupons d'action *faisant fonds*, pourront se faire représenter à l'assemblée générale, par un fondé de pouvoirs.

Les fondés de pouvoirs auront droit de suffrage à l'assemblée générale.

XVI.

Les propriétaires d'une fraction quelconque d'action, *non faisant fonds*, ne pourront déléguer leurs pouvoirs, ni avoir droit de suffrage.

XVII.

La Compagnie pourra créer de nouvelles actions, si ses opérations l'exigent, mais les soumissionnaires d'actions nouvelles, ne pourront participer au bénéfice des coupons d'actions, non faisant fonds.

XVIII.

La Caisse de la Direction des Transports, Postes et Messageries sera établie à Paris, et formera la seconde division de l'établissement.

ELLE sera connue sous le nom de banque générale, et sera basée sur le projet ci-après détaillé.

PROJET DE BANQUE.

SECOND ÉTABLISSEMENT.

La Direction des transports, Postes et Messageries, établira à Paris, une banque générale, qui correspondra avec les principales villes de France.

Cette banque sera gérée par un conseil de sept membres, présidé par le Directeur général de la banque.
Le conseil sera formé par l'assemblée générale de la compagnie des Transports, Postes et Messageries.

Le Conseil de la banque est nommé par la Direction, conformément à l'art. XII.

La banque générale fera la recette de la poste aux lettres, de même que celle des Messageries, dans toute l'étendue de la République.

FONDS.

Le fonds capital de cette banque, indépendamment de la recette journallière des Postes et Messageries, sera de dix-huit millions: dont:

Total 18 millions. 12 millions effectifs.
6 millions de billets au porteur.

Les douze millions effectifs, seront versés dans la caisse de la banque, par le produit des trente actions faisant fonds, qui ont été créées par la direction des Transports, Postes et Messageries.

Les six millions de billets au porteur, seront signés par le Directeur chef, et contre-signés par deux Directeurs divisionnaires.

Les billets au porteur, seront garantis, non-seulement par les fonds de la banque, mais encore par le dépôt que chaque actionnaire fera, au prorata de son intérêt, de billets au porteur payables à un jour de vue.

Ces billets, mis sous le scellé, et déposés dans la caisse de la banque, donneront action contre chaque intéressé et seront spécialement affectés au remboursement des effets au porteur, dans le cas où la banque viendrait à retarder ou à suspendre ses payemens.

Les billets de banque serviront à faciliter les payemens de la banque, et le transport des espèces.

Ces billets ne seront émis et ne pourront être échangés que dans les places suivantes, savoir:

A Paris pour	2,000,000
A Lyon pour	1,000,000
A Marseille pour	1,000,000
A Bordeaux pour	1,000,000
A Nantes pour	500,000
A Strasbourg pour	500,000
Total	6 millions

Les fonds de la banque seront augmentés par le cautionnement en nature que la direction des Postes et Messageries pourra exiger des employés comptables.

La Banque générale sera chargée de la recette des Postes et Messageries, elle payera ses dépenses, et tiendra sa comptabilité. La banque fera le transport des espèces aux prix fixé par le tarif du gouvernement; elle donnera du papier à cours jours sur les principales villes de France. Elle escomptera les effets et les lettres de change acceptées par la compagnie générale des entrepôts. Elle recevra et fera payer dans toutes les places de la République, où elle aura maison de correspondance.	Attributs généraux de la banque.

La banque générale établira dans les principales places de la République, des maisons de banque qui correspondront avec elle.

Ces maisons seront choisies entre les Négocians solides et bien famés.

Elles devront avoir la propriété de vingt-cinq coupons d'action de la direction des Postes et Messageries, ou être créancières de cinquante mille livres à la banque générale.

La banque payera un intérêt de six pour cent par an aux maisons, qui, sans être propriétaires d'actions ou de coupons d'actions, auraient versé des fonds dans sa caisse.

Les maisons établies dans les départemens, pour correspondre avec la banque générale, seront autorisées et feront pour elle la recette de la poste aux lettres, dans l'arrondissement qui leur sera tracé. Elles feront aussi celles des Messageries, dans le cas où la direction des Transports, Postes et Messageries ne soustraiterait pas pour ce dernier objet.

Les banques départementales feront la recette de la Poste aux lettres.

Les maisons établies par la banque générale dans les départemens, correspondront régulièrement entre elles, et suivront strictement le plan et l'ordre de comptabilité qui leur sera tracé.

Du moment où une maison aura été chargée des opération de la banque générale, et sera portée sur le tableau de ses correspondans, elle aura un crédit ouvert avec toutes les places de France, où la banque aura des bureaux.

Avantages de correspondre avec la banque.

Le tableau des maisons de correspondance de la banque, sera remis à chacune d'elles.

Les maisons de banque établies dans les départemens, donneront du papier à un jour de vue sur Paris et sur toutes les places de France, où la banque aura des bureaux.

Elles se chargeront du transport des espèces.

Elles recevront, encaisseront et feront encaisser les effets des particuliers, en payeront le produit aux propriétaires, ou en feront payer la valeur, dans toutes les villes de correspondance, moyennant une commission de demi pour cent.

Attributs généraux des maisons de correspondances.

Toutes les opérations que les maisons de banque correspondantes feront entre elles, et avec elle, seront de compte à demi avec la banque générale.

La banque générale n'allouera aucune espèce de frais à ses correspondans; tous ces frais devant être supportés par la portion d'intérêt que la banque leur accorde.

La banque générale nivellera et alimentera les caisses des départemens, et sera spécialement chargée du mouvement des caisses, et de la circulation des espèces.

L'assemblée générale des actionnaires de la Compagnie des Transports, Postes Messageries, établira à Paris, un entrepôt général de marchandises.	Compagnie d'entrepôts nommée par la Direction, conformément à l'art. XII.

Cet entrepôt sera basé sur le prospectus ci-après détaillé, il aura ses opérations et sa comptabilité particulière.

Cet établissement, quoique distinct et séparé, comptera tous les ans avec la banque, et la créditera de ses bénéfices.

L'entrepôt général correspondra avec les principales villes de commerce de la République.

Cet entrepôt établi pour faciliter les transactions, vivifier le commerce, mettre en circulation les valeurs mortes, et faciliter les manufacturiers, alimentera la banque, du papier qu'il mettra en circulation.	Attributs généraux de la compagnie d'entrepôts.

Les trois Directeurs, chargés de gérer l'entrepôt, seront nommés par l'assemblée générale des Transports, Postes et Messageries.

Les Correspondans de la banque dans les départemens, seront nommés de préférence chefs d'entrepôts, et la Compagnie n'en choisira d'autres que sur leur refus.	Les maisons de banque dans les départemens serviront aussi de maisons d'entrepôts.

Les Correspondans de la banque, qui seront chefs d'entrepôts, tiendront leur comptabilité avec la banque pour les opérations de banque, et avec la Compagnie d'entrepôt pour les objets qui lui seront relatifs.

Les Correspondans de la banque enverront tous les ans leur bilan à la banque générale.

Les Chefs d'entrepôt compteront de même tous les ans avec la Compagnie générale des entrepôts.

Celle-ci clôra pareillement ses écritures, et créditera la banque de ses bénéfices.

La banque soldera et rendra ses comptes tous les ans, aux actionnaires de la Direction, convoqués en assemblée générale.

L'assemblée générale fixera le dividende à répartir aux actionnaires, le surplus restera en banque en augmentation de capital.

COMPTABILITÉ.

Les registres de la banque seront tenus en parties doubles.

La banque ouvrira un *compte de capital*, à la Direction des Postes et Messageries.

Ce compte sera débité par *le compte individuel de chaque Actionnaire*, du montant des actions qu'il aura mis en banque.

Ce compte sera crédité *par caisse*, à fur et mesure que les payemens des actionnaires s'effectueront.

La banque ouvrira un *compte courant* à la direction des Postes et Messageries. Ce compte sera chargé de tous les frais et débours relatifs à l'exploitation de ce service.

Il sera crédité de la recette qui proviendra de cette exploitation.

La banque générale, et les banques correspondantes, ne payeront les employés de la Direction, que sur les mandats de ses agens. Ces mandats seront revêtus des formalités exigées par les réglemens de la Direction des Postes et Messageries.

La banque aura *un compte général d'acceptation.*

Ce compte sera débité à l'envoi des traites qui auront été acquittées.

Il sera crédité sur l'avis des traites qui auront été tirées.

Chaque maison de correspondance avec la banque générale, aura trois comptes ouverts.

Le premier, intitulé *Comptes de dépenses et recettes pour la Direction*, sera débité chaque mois ou chaque décade, par le compte courant de la Direction, de la recette de la Poste aux Lettres et des Messageries.

Il sera crédité par le même compte des payemens et frais faits par la Direction.

Le second, intitulé *Comptes des traites*, sera débité par le compte général d'acceptations de toutes les traites qui auront été fournies. Il sera crédité par le même compte de tous les payemens faits en acquit de traites.

Le troisième compte, qui aura pour titre, *Compte courant*, sera chargé et déchargé par le compte de divers *débiteurs et créditeurs*, de toutes les dépenses, recettes et négociations qui n'auront pas spécialement pour objet le compte des traites, ou le service de la Direction des Postes.

Le solde du compte de divers débiteurs et créditeurs, présentera le bénéfice qui sera provenu de ces opérations particulières.

Les Directeurs correspondans avec la banque, lui enverront, à la fin de chaque décade, les traites qu'ils auront acquittées, afin que la banque puisse en faire écriture.

Ils auront soin de biffer lesdites traites au moment du payement.

Les Correspondans de la banque, lui enverront, courrier par courrier, la situation de leur caisse.

MOUVEMENS.

Ils aviseront aussi, courrier par courrier, la banque de toutes les traites qu'ils fourniront sur Paris et sur toutes les villes correspondantes des départemens, afin que la banque générale puisse ordonner les mouvemens nécessaires à alimenter les caisses qui seraient démunies de fonds.

Les Correspondans de la banque lui enverront, à la fin de chaque mois ou de chaque décade, la note des payemens qu'ils auront faits pour la Direction des Postes et Messageries.

CONTRÔLE.

Toutes les traites tirées par les Correspondans de la banque, seront couchées par ordre numérique, sur un registre destiné à cette fin. Ce registre qui servira de contrôle, sera déchargé, à mesure que les traites acquittées arriveront à Paris.

SURVEILLANCE.

La banque aura continuellement en mouvement quatre Inspecteurs, qui pourront vérifier les caisses et prendre communication des registres de tous les Comptables.

Ces Inspecteurs changeront tous les trois mois de Direction, et seront renouvellés tous les ans.

La banque générale aura un compte ouvert pour l'escompte *des effets* de la compagnie des *Entrepôts*.

Ce compte sera rechargé par caisse de traites et billets, que la banque aura escomptés.

Il sera déchargé par le même compte, lorsque ces effets auront été acquittés.

La Compagnie générale des Entrepôts aura un *Compte d'actions*, ouvert sur les registres de la banque.

Ce compte sera débité des actions dont la banque se sera rendue propriétaire.

RÉGLEMENT DE LA COMPAGNIE GENERALE DES ENTREPOTS.

Le fond capital de cette Compagnie sera de deux millions, en numéraire effectif.

La livre de société sera de 600 sols, ou action, savoir:

400 faisant fonds à. 5000 liv. ci, 2,000,000 liv.

200 non-faisant fonds.

TOTAL 600 actions.[A]

> [Note A: *N. B.* La Banque se rendra propriétaire de ces 600 actions.]

Les actions non-faisant fonds seront divisées en quatre coupons d'action, ce qui formera 800 coupons d'action, du prix de 1250 liv.

Chaque Actionnaire faisant fonds, aura deux coupons d'actions, non-faisant fonds.

Les bailleurs de fonds seront tenus de verser le montant de leurs soumissions dans la caisse de la Compagnie, une décade avant la mise en activité de l'établissement.

Dans le cas où les opérations de la Compagnie s'agrandiraient, elle pourra créer de nouvelles actions.

Les souscripteurs des nouvelles actions, ne seront pas admis aux bénéfices des actions non-faisant fonds, qui n'ont été créées que pour gratifier les fondateurs de l'établissement.

La Compagnie établira à Paris et dans toutes les principales villes de commerce de France, des magasins d'entrepôt dans lesquels on recevra toute espèce de marchandises courantes, sèches, liquides, en balles, ballots, caisses et futailles.

Les propriétaires de marchandises déposées payeront un droit de magasinage, qui sera fixé par un tarif.

Immédiatement après l'entrée des marchandises dans les magasins de la Compagnie, elle fera l'avance au propriétaire, des deux tiers de la valeur estimée des objets qu'il aura mis en entrepôt.

Ces avances seront faites à Paris, en billets de la Compagnie à un, deux et trois mois de date. Dans les départemens, ces avances seront faites en traites sur Paris, à deux et trois usances.	La compagnie d'Entrepôts alimente la banque.

Ces traites seront tirées par le chef d'entrepôt, à l'ordre du propriétaire sur la Compagnie générale à Paris.

D'après un ordre par écrit, la Compagnie vendra de gré à gré, le plus avantageusement possible, au comptant, et pour le compte du propriétaire, les marchandises qu'il aura mises en entrepôt: et dans ce cas, la Compagnie prélèvera sur leur *net produit*, une commission mercantille de deux pour cent.

Les propriétaires de marchandises pourront, à leur gré, les vendre par eux-mêmes, ou les retirer de l'entrepôt, en payant un droit de commission d'un pour cent.

Dans tous les cas, soit que la Compagnie autorisée du propriétaire, vende les marchandises déposées; soit que le propriétaire vende lui-même, ou retire lesdites marchandises, elles ne pourront sortir des magasins de la Compagnie, que préalablement elle ne soit remboursée de ses avances et de ses frais.	La Caisse de la Compagnie se remplis tous les mois.

Le surplus de leur produit sera remis de suite au propriétaire, ou ayant cause.

Dix jours avant l'échéance des engagemens que la Compagnie aura délivré aux propriétaires, ils seront tenus d'en faire les fonds en numéraire à la caisse de la Compagnie, à défaut de quoi, les marchandises qui forment le gage de ces engagemens, seront vendues pour leur compte publiquement, et aux enchères.

Lorsque les marchandises seront vendues aux enchères, la Compagnie percevra trois pour cent, savoir:

Deux pour cent pour commission de vente, et un pour cent pour frais d'adjudication.

La Compagnie renouvellera ses engagemens aux propriétaires de marchandises déposées, lorsqu'ils auront fait les fonds des billets prêts à expirer.

La Compagnie bonifiera demi pour cent par mois, aux propriétaires qui feront les fonds de la totalité, ou de partie de ses engagemens avant l'échéance d'iceux.

Pour soutenir les effets de la Compagnie, ses capitaux seront exclusivement destinés à escompter à demi pour cent par mois, tous ses billets qui n'auront qu'un mois à courir.

GESTION.

La maison principale de la Compagnie d'entrepôt sera établie à Paris, sous la raison de.

Elle sera gérée par trois Directeurs chefs.

La comptabilité sera affectée au premier.

La direction des magasins au second.

La généralité des affaires extérieures au troisième.

La maison de Paris aura des maisons d'entrepôts, dans les principales villes de commerce de la République.

Les chefs d'entrepôt, dans les départemens, seront choisis entre les maisons de commerce les plus solides et les mieux famées.

Ces chefs d'entrepôt correspondront exactement avec le bureau général de Paris, et toutes les opérations qui se feront par leur entremise, seront de compte à demi avec la Compagnie.

Les mêmes règlemens et le même ordre de comptabilité sera suivi à Paris et dans les départemens.

Quatre Administrateurs auront l'inspection de la gestion des Directeurs. De ces quatre Administrateurs nommés par les actionnaires, deux pourront être renouvellés tous les ans.

ASSEMBLÉE.

L'assemblée générale sera convoquée aussi-tôt que les fonds seront faits.

Cette assemblée sera composée des propriétaires d'actions.

Tout se décidera à la pluralité des suffrages, et la propriété de vingt actions, donnera une voix délibérative.

L'assemblée nommera à toutes les places, elle formera ses règlemens, et prendra les arrangemens convenables pour la mise en activité de l'établissement.

Les Directeurs rendront compte aux assemblées, de leur gestion, de la prospérité de l'établissement et de l'état des affaires.

D'après cet état, l'assemblée fixera le dividende qui devra être réparti aux actionnaires.

COMPTABILITÉ.

Les propriétaires qui désireront mettre leurs marchandise en entrepôt, enverront à la compagnie un état précis des objets qu'ils veulent déposer.

Ils feront au pied de cet état, la demande des avances qu'ils voudraient recevoir.

Sur la réponse qui leur sera faite dans les vingt-quatre heures, par la compagnie, ils pourront envoyer leurs marchandises dans ses magasins. Le garde-magasin vérifiera la quantité et la qualité des objets déposés, et après les avoir couchés sur son registre d'entrée, par ordre numérique, il en donnera un récépissé au propriétaire.

Ce récépissé sera visé par le directeur des magasins, qui écrira au bas la somme qui devra être avancée: sur ce récépissé, muni de ces formalités, le bureau de comptabilité délivrera au porteur les billets de la Compagnie.

Ces billets seront signés par deux Directeurs, et contresignés par un Administrateur.

Les propriétaires, en recevant ces billets, autoriseront, par écrit, la compagnie, à faire vendre publiquement et pour leur compte, les marchandises qui en forment le gage, si dix jours avant l'échéance de ses engagemens, c'est-à-dire, le premier jour de grâce, ils n'en ont pas faits les fonds.

Douze jours avant l'échéance fixe des engagemens de la compagnie, les propriétaires seront avertis par une circulaire, qu'ils sont en cours de payemens.

Les marchandises des propriétaires en retard de payement, seront vendues publiquement, et aux enchères, les 6 et 7 de chaque décade.

Les adjudicataires de marchandises, seront tenus de payer un quart comptant, et les trois quarts restans dans les vingt-quatre heures, sous peine d'encourir la folle enchère de suite.

Les adjudicataires payeront un pour cent de commission pour tous frais.

Les billets seront toujours datés des 5, 9, 15, 19, 25 et 29, et se payeront aux mêmes époques de chaque mois.

La caisse recevra tous les matins des jours impairs, les bordereaux des billets que les porteurs désireront escompter. Ces billets seront visés le soir par les administrateurs. et tous les billets, munis *du visa*, seront payés à la caisse, les jours pairs, sous la déduction de l'escompte.

Page 17.

Emploi des fonds de la Compagnie des Entrepôts.

Deux millions de fonds, faisant tous les trois mois pour six millions d'affaires, feront une navette de vingt-quatre millions par an.

Des billets émis tous les trois mois, et montant à six millions, la Compagnie escomptera le tiers qui aura un mois à courir: restera pour quatre millions de billets qui seront escomptés par la banque.

2,000,000 de billets, escomptés à demi pour cent, par mois, fait par an.	120,000	liv.
En supposant que moitié des marchandises déposées dans les magasins de la compagnie, seront vendues par elle de gré à gré, à une commission mercantille de deux pour cent, d'après les règlemens, prise sur douze millions, fait.	240,000	
	120,000	
Idem. Pour l'autre moitié des marchandises vendues en entrepôt, ou retirées par le propriétaire.	12,000	
Bénéfice qui résultera sur le magasinage après avoir payé les loyers, par an seulement.	120,000	
Idem. Pour celui qui résultera des		

opérations qui se feront avec tous les départemens, évalué seulement à vingt-quatre millions par an, et à demi pour cent.	20,000	
	632,000	liv.
Bénéfice hypothétique provenant des ventes publiques, évalué à un douzième, fait deux millions à un pour cent.		
TOTAL		

N. B. Dès que l'établissement aura acquis sa première impulsion, les bénéfices s'accroîtront considérablement par la multiplicité des opérations que la compagnie pourra faire avec le secours de la banque, qui escomptant les deux tiers de ses effets, lui donnera le plus haut crédit, et la mettra à même de faire une navette de neuf millions par quartiers, au lieu de 6 millions portés au présent calcul.

Il faut observer en outre, que majeure partie des marchandises, se vendront de gré à gré, et que les départemens feront pour plus de deux millions par mois.

A PARIS,

De l'Imprimerie de J. B. LESOURD ET P. NOUHAUD,
rue des Francs-Bourgeois, près la place Saint-Michel, n°. 19.

***TABLEAU DES OPERATIONS** qui pourront être faites par la Compagnie.*

12,000,000 liv.	montant de 30 actions à 400,000 liv.
6,000,000 liv.	de billets au porteur, garantis.
2,000,000 liv.	cautionnement des employés.
2,000,000 liv.	recette des Postes, etc. par mois.
22,000,000 liv.	

A recevoir des Postes et Messageries.

	Sans le contre-seing.	Contre-seing restreint	Avec le contre-seing
Recette brut des Postes	20,000,000	16,500,000	14,500,000
Idem, des Messageries	8,500,000	8,500,000	8,500,000
	28,500,000	25,000,000	23,000,000
Amélioration dans le service.		1,500,000	
RECETTE.		26,500,000	
Exploitation des Postes.	9,000,000		
Idem. des Messageries.	8,000,000		
	17,000,000		
Économie dans le service.	2,500,000		
TOTAL des débours		14,500,000	
RESTE net le contreseing limité			12,000,000

La Compagnie peut donc offrir au Gouvernement, par semestre anticipé pour l'exploitation des Postes et Messageries, savoir:

Avec le contre-seing	9,000,000
Le contre-seing limité	11,000,000
Le contre-seing supprimé	14,000,000

Emplois des Fonds de la Compagnie.

Au Gouvernement, pour	
prix anticipé de six mois du	5,500,000
bail	1,500,000
Montant approximatif des	
atteliers, etc.	2,000,000
Fonds destinés à la	1,000,000
Compagnie des Entrepôts	12,000,000
Fonds pour l'exploitation de	------------
quinzaine	22,000,000
Fonds destinés à la Banque	========

TOTAL

N. B. Nous estimons qu'en donnant au Gouvernement onze millions par an pour le bail des Postes, etc. le contre-seing limité, il y aura au moins un MILLION de bénéfice attendu que les frais d'exploitation peuvent être réduits d'un tiers.

MOUVEMENS DES FONDS DE LA BANQUE.

La banque aura un fond de	18,000,000	
Le cautionnement des Employés	2,000,000	22,000,000
La recette des Postes et Messageries, par	2,000,000	
mois	========	
	7,000,000	
A payer au Gouvernement pour bail et	2,000,000	10,000,000
atteliers, etc.	1,000,000	
Fonds destinés à la Compagnie	========	
d'Entrepôts		12,000,000
Exploitation des Postes, etc. pour		========
quinzaine		

Fonds qui restent disponibles

Emploi de ces douze millions.

La Compagnie d'Entrepôt alimentera la Banque.	Six millions de billets émis tous les trois mois par la Compagnie d'Entrepôts, dont deux millions seront escomptés par elle, restera à escompter tous les deux mois, pour	4,000,000
	Traites fournies par toutes les maisons d'Entrepôts de France,	6,000,000
	sur la Compagnie d'Entrepôts à	2,000,000
	Paris, évaluées seulement à deux	12,000,000
	millions par mois, fait.	========
	Escompte en bon papier	

Une navette de douze millions tous les trois mois, escomptés à un pour cent par mois, fait par an	1,440,000
Bénéfices de la Maison d'Entrepôts	632,000
Circulation du papier court dans toute la République, estimé à soixante millions, mais que nous réduisons à quarante-huit millions, fait par an, à un quart pour cent	1,440,000
	228,000
Bénéfices éventuels des comptes courans	
	1,000,000
Idem, résultant des Postes et Messageries, estimé au moins.	=======
	4,740,000
TOTAL DES BÉNÉFICES	=======

9 789356 892910

Printed at Repro India Ltd.